SEKUNDARSTUFE I + II

Beth Mayhew-Fiscus
Mervyn Whittaker

Unterricht – English
English – *Unterricht*

Unterricht sicher in
der Zielsprache gestalten

Cornelsen

Die Autoren:
Beth Mayhew-Fiscus ist Lehrerin in Schifferstadt/Pfalz.
Mervyn Whittaker ist Lehrer in Neustadt an der Weinstraße.

Projektleitung: Franziska Wittwer, Berlin
Redaktion: Anke Simon, Wilnsdorf
Umschlagkonzept/-gestaltung: Ungermeyer, Berlin
Umschlagfoto: Shutterstock/sonia.eps
Layout/technische Umsetzung: fotosatz griesheim GmbH

www.cornelsen.de

4. Auflage, 3. Druck 2023

Druck: Esser printSolutions GmbH, Bretten

ISBN 978-3-589-16058-7

PEFC
PEFC/04-31-2851

PEFC-zertifiziert
Dieses Produkt stammt aus nachhaltig bewirtschafteten Wäldern und kontrollierten Quellen
www.pefc.de

Inhaltsverzeichnis

English at the chalkface

Dieses Büchlein bietet eine gegliederte Sammlung der häufigsten Wendungen, die eine Englischlehrkraft typischerweise im Tagesgeschäft verwendet.

Wir gehen davon aus, dass der Englischlehrer bzw. die Englischlehrerin bereits über ein breites Repertoire an *classroom phrases* verfügt, und setzen auf den Mehrwert, den es den Kolleginnen und Kollegen bringen mag, noch weitere idiomatische Wendungen handlich zur Verfügung gestellt zu bekommen.

Das Sprachmodell der Lehrkraft, das wissen wir alle, beeinflusst ganz entscheidend die Sprach- und Verständigungskompetenz unserer Schülerschaft. Beim Blättern in der Sammlung, so glauben wir, entdeckt man häufiger mal eine griffige englische Formulierung, die sich als nützlich empfiehlt und die man gerne in sein Repertoire aufnimmt.

Als *native speakers* und Lehrkräfte an deutschen Schulen ging es uns beiden Verfassern also darum, ein Kompendium von idiomatischem *English at the chalkface* zur Verfügung zu stellen.

Der Umfang unserer Sammlung führt natürlich dazu, dass wir uns auf eine übersichtliche Auswahl an Themen und Situationen beschränken müssen. Umso schneller ist die gesuchte Wendung auch gefunden.

Sozusagen als Zugabe enthält der Band einen Abschnitt zur Verfertigung einer schriftlichen Empfehlung für Schülerinnen und Schüler, die einen Auslandsaufenthalt planen (*recommendation*). Uns haben häufiger einmal Kolleginnen oder Kollegen angesprochen, die sich bei der sensiblen Formulierung eines solchen Schriftstückes unsicher fühlen. Deshalb bieten wir die Hilfe an dieser Stelle an.

Beth Mayhew-Fiscus
Mervyn Whittaker

Januar 2015

1.1 Den Unterricht beginnen

Beginning the lesson	**Den Unterricht beginnen**
Settle down now – let's say hello. Good morning, everybody.	Kommt mal zur Ruhe – wir wollen uns begrüßen. Guten Morgen!
Hello everybody.	Guten Tag!
Have a seat.	Setzt euch!
Where's the register, please?	Wo ist das Klassenbuch?
Is anyone absent today?	Fehlt heute jemand?
Jenny, please take this note to the secretary for me.	Jenny, bring den Zettel bitte ins Sekretariat.
Who's on board duty today?	Wer hat Tafeldienst?
Clean the board then, please.	Putz dann bitte die Tafel.
Fetch me some chalk, please.	Hol mir bitte etwas Kreide.
Oh, open a window, please.	Öffne bitte ein Fenster.
Switch off the light, please.	Mach bitte das Licht aus.
Open the blinds, please.	Öffne bitte die Jalousien.
I want you to have your English things ready on your desks.	Ihr sollt bitte eure Englischsachen auf dem Tisch bereitliegen haben.
Take out your English books, come along.	Nun mal los, holt die Englisch-sachen raus.
Okay, settle down now. That's enough noise!	So, kommt nun zur Ruhe. Das reicht jetzt mit dem Lärm!
Where have you been, Tim? Why are you late?	Wo bist du gewesen, Tim? Weshalb bist du verspätet?
I'm putting you down in the register.	Ich trage dich ins Klassenbuch ein.

Don't let it happen again.	Das darf nicht wieder vorkommen.
Right, let's begin with your homework.	So, dann fangen wir mit den Hausaufgaben an.
Open your book and your exercise book.	Schlagt bitte Buch und Heft auf.
Where's your homework, Kevin?	Wo hast du deine Hausaufgaben, Kevin?
Okay, I'll have to make a note of that.	Na, dann muss ich mir das aufschreiben.
Did anyone have trouble with the homework?	Hat jemand mit der Hausaufgabe Schwierigkeiten gehabt?
Please tell the class what the homework was.	Sag der Klasse bitte, was aufgegeben war.
Check your answers with a partner. – Check your partner's answers and correct the errors in pencil. You've got three minutes.	Überprüft gemeinsam eure Ergebnisse. – Kontrolliert die Lösungen gegenseitig und streicht die Fehler mit Bleistift an. Dazu habt ihr drei Minuten Zeit.
Who wants to be teacher today? – Here's the teacher's workbook. You know what to do.	Wer spielt heute den Lehrer? – Hier hast du die Lehrerausgabe. Du weißt ja, wie es geht.
Okay, let's hear the results. Fynn, will you begin please?	So, wir hören jetzt die Ergebnisse. Fynn, fängst du bitte an?
We're on number 7.	Wir sind bei der Nummer 7.
Okay – are there any questions now?	So, gibt es jetzt noch Fragen?

1.2 Sich im Klassensaal bewegen

Moving around the classroom	**Sich im Klassensaal bewegen**
Find yourself a seat.	Sucht euch einen Sitzplatz.
Change places with Sean, please.	Tausche bitte mit Sean.
Come up to the front, please.	Komm bitte nach vorne.
Stand here facing the class.	Stell dich hierhin mit Blick zur Klasse.
Go back to your place.	Geh zu deinem Platz zurück.
When I say, I want you to put your desks together, two and two. Off you go, quietly now.	Wenn ich das Zeichen gebe, stellt ihr eure Tische immer zwei und zwei zusammen. Also los, leise.
Make sure you have some space around you.	Schaut, dass ihr Platz um euch herum habt.
We need some space in the middle today. Please push all your desks to the side.	Heute brauchen wir Platz in der Mitte des Klassenzimmers. Schiebt bitte die Tische alle an den Rand.
Let's make a circle with the chairs.	Lasst uns einen Stuhlkreis bilden.
Put your chairs under the desks.	Schiebt die Stühle unter die Tische.
Spread out evenly in the space in the middle.	Verteilt euch gleichmäßig im Raum in der Mitte.
Sit down on the floor and cross your legs.	Setzt euch im Schneidersitz hin.
Okay, now please put everything back where it belongs.	So, nun stellt ihr bitte alles wieder so hin, wie es war.
Put the desks straight, please.	Stellt die Tische bitte gerade hin.
Pick up the rubbish there.	Hebt den Abfall dort auf.
Return to your original seats now.	Kehrt nun auf eure Plätze zurück.

1.3 Mit dem Buch arbeiten

Working with the book	Mit dem Buch arbeiten
Turn to page 53, please./Open your books at page 53, please.	Schlagt euer Buch bitte auf Seite 53 auf.
First, I want you to look carefully at the photos.	Jetzt sollt ihr zunächst ganz aufmerksam die Fotos betrachten.
I need somebody to read out the instructions.	Wer liest bitte die Anweisungen vor?
Turn to the grammar page at the back – that's page 44.	Schlagt mal hinten im Grammatikteil nach – Seite 44.
Put your finger on number 8 everybody. Let me see.	Setzt mal alle den Finger auf die Nummer 8. Zeigt her!

1.4 Mit Medien und grafischen Quellen arbeiten

Working with media and visuals	Mit Medien und grafischen Quellen arbeiten
Now, while I'm setting this up, I want you to open your exercise books and write the headline and the date off the board.	Während ich das aufstelle, schreibt ihr bitte die Überschrift und das Datum von der Tafel ab.
Please go next door and ask nicely if we can have their projector.	Gehst du bitte nach nebenan und fragst höflich, ob wir den Overhead-Projektor ausleihen dürfen?
Plug it in, please.	Steckst du bitte den Stecker ein?
Who can help me set this up?	Wer kann mir helfen, das aufzubauen?
Let down the blinds, please.	Schließt bitte die Jalousien.
Carla, can you fetch Mrs Schmidt and ask her to help us, please?	Carla, holst du bitte Frau Schmidt, damit sie uns hilft?

Has anyone seen the remote?	Hat jemand die Fernbedienung gesehen?
We'll start today by looking at this photo.	Heute schauen wir uns erst einmal dieses Foto an.
Can you all see the screen?	Könnt ihr alle die Tafel/den Bildschirm sehen?
I'm going to reveal it bit by bit.	Ich werde es allmählich aufdecken.
I won't give it away at once, you'll have to guess.	Es soll nicht gleich alles verraten werden, ihr müsst schon raten.
It's out of focus, but what do you think it could be?	Es ist verschwommen. Was meint ihr, was es darstellen könnte?
What does it remind you of?	Woran erinnert es euch?
Do you notice anything unusual in the picture?	Fällt euch etwas als ungewöhnlich auf?
When/Where was the picture taken? How can you tell?	Wann/Wo wurde das Bild aufgenommen? Woraus schließt ihr das?
What different objects/people can you see in the picture?	Welche verschiedenen Dinge/Menschen erkennt ihr?
Can you see the child in the foreground/in the background/in the distance/on the right/at the very edge of the picture?	Könnt ihr das Kind im Vordergrund/im Hintergrund/in der Entfernung/rechts/am äußersten Rand des Bildes sehen?
I'll give you thirty seconds to study the photo – then I'll switch the projector off.	Ihr habt dreißig Sekunden, um das Foto zu betrachten. Dann schalte ich den Projektor aus.
What can you remember?	Was habt ihr behalten?
I've got this one photo – I'll pass it round for everyone to see. Pass it on when you've had a look at it.	Ich habe nur dieses eine Foto. Ich gebe es herum, damit jeder gucken kann. Gebt es weiter, wenn ihr es gesehen habt.

I want to show you a short clip to start off. I'm turning off the soundtrack so you need to watch carefully.	Zu Beginn zeige ich einen kurzen Filmclip. Dazu schalte ich den Ton aus, ihr müsst also aufmerksam hinschauen.
The dialogue is tricky, so I'm letting you see the subtitles today.	Der Dialog ist nicht einfach, deshalb dürft ihr heute die Untertitel mitlesen.
Everyone please open your books at page 122 and look at the map. Can you tell me what this map shows?	Jeder öffnet bitte das Buch auf Seite 122 und schaut dort auf die Karte. Was stellt sie dar?
Can you find the city we were talking about? It's situated in the north/south-west/...	Findet ihr die Stadt, über die wir gerade gesprochen haben? Sie befindet sich im Norden/Südwesten/...
It's on the road from ... to ...	Sie liegt auf der Straße zwischen ... und ...
It's on the ... River/on the coast.	Sie liegt am ... Fluss/an der Küste.
It's to the east/south of ...	Sie liegt östlich/südlich von ...
What does that red line represent? Have a look at the key. The key is in the box at the bottom.	Wofür steht die rote Linie? Schaut mal auf die Legende. Die ist unten im Kasten.
Look at the town plan.	Schaut mal den Stadtplan an.
Find Oxford Circus on it. Please tell me how to get to Trafalgar Square from here. Give me directions.	Findet Oxford Circus auf dem Plan. Gebt mir bitte Anweisungen, wie ich zu Trafalgar Square gelange.
Let's study this chart. What does it show?	Betrachten wir mal dieses Schaubild. Was zeigt es?
Where do most migrants come from? And the least?	Aus welchem Land stammen die meisten Migranten? Und die wenigsten?

Compare the yellow and the green sections of the pie chart. What can you say about the groups shown?	Vergleicht die gelben und grünen Sektoren des Diagramms. Was könnt ihr über die dargestellten Gruppen sagen?
This graph shows you how things have changed in the last twenty years. When did the number of ... rise and when did it fall?	Diese Grafik zeigt die Veränderungen der letzten zwanzig Jahre an. Wann stieg die Zahl der ... an und wann fiel sie?
When did the number peak?	Wann erreichte die Zahl den Höhepunkt?
Compare the columns here: use phrases like this to talk about them with a partner: *twice as much/many, three times as many, about the same as ...*	Vergleicht mal diese Säulen: Nutzt folgende Wendungen, um darüber zu sprechen: *doppelt so viele, dreimal so viele, etwa genauso viele wie ...*
The highest/lowest point was in ...	Der höchste/niedrigste Wert wurde ... erreicht.
The biggest rise/drop was between ... and ...	Die größte Steigerung/der stärkste Niedergang geschah zwischen ... und ...
What do you think caused this development?	Was war eurer Meinung nach der Grund für diese Entwicklung?

1.5 Im Computerraum arbeiten

Working in the computer lab	**Im Computerraum arbeiten**
Please switch the screen and your computer on.	Schaltet bitte den Monitor und den Rechner an.
Wait for it to boot up.	Wartet, bis er hochgefahren ist.
Enter your username and password.	Gebt euren Usernamen und das Passwort ein.
Now look for the icon with the „e" in it – it's blue. Okay, double-click on that icon to open it.	Sucht nun nach dem Icon mit dem „e" – der ist blau. Habt ihr ihn, dann bitte doppelklicken zum Öffnen.

I am writing the URL on the board. Please enter it in the box at the top.	Ich schreibe die Internetadresse an die Tafel. Diese gebt ihr bitte oben in den Kasten ein.
Can you find all the characters on the keyboard?	Könnt ihr alle Zeichen auf der Tastatur finden?
Look carefully through the information on the website.	Schaut euch nun die Information auf der Webseite sorgfältig an.
Remember, we are here to find out more about ...	Denkt daran, wir wollen hier Näheres zu ... herausfinden.
Okay everybody, listen up please. Switch off your screens now and look to the front.	Hallo – bitte zuhören. Schaltet mal kurz die Monitore aus und schaut nach vorne.
Please open a new page in the word-processing program. Collect your findings there.	Öffnet bitte eine neue Seite im Textverarbeitungsprogramm. Stellt dort die Ergebnisse zusammen.
You can use cut-and-paste and you can write your own notes.	Ihr könnt sowohl Material kopieren und übernehmen als auch eigene Notizen einfügen.
Please save your document to your files.	Speichert das Dokument bitte unter „Eigene Dateien".
Make a printout of what you've written.	Druckt eure Seite bitte aus.
Time's up! Please close your programs and shut the computer down. Switch off the screen, too.	Die Zeit ist um! Schließt nun bitte eure Programme und fahrt den Rechner herunter. Den Monitor schaltet ihr auch aus.

1.6 Tests und Arbeiten schreiben

Doing a test	**Tests und Arbeiten schreiben**
Okay everyone, listen up – we're having a little test today.	Hört bitte mal her – wir machen nun eine kleine Überprüfung.
Clear your desks, please. You just need your pen.	Räumt die Tische ab – ihr braucht nur einen Stift.
Move your desks apart, please.	Schiebt die Tische bitte auseinander.
Emma, move across there, please.	Emma, rück mal bitte dort hinüber.
Who can help me hand out the test papers?	Wer hilft mir beim Austeilen?
Don't turn them over yet.	Noch nicht umdrehen!
Has anybody *not* got a paper?	Ist noch jemand ohne Blatt?
Okay, you can turn them over now.	Gut, dann könnt ihr jetzt umdrehen.
Put your name at the top, then put your pens down.	Den Namen bitte nach oben, dann legt ihr den Stift wieder hin.
Listen carefully: I want you to ...	Hört gut zu: Ihr sollt nun ...
You've got ten minutes. Any questions? Off you go, then.	Ihr habt zehn Minuten Zeit. Fragen? Dann mal los.
Stop talking now.	Jetzt ist es bitte still.
Philip, eyes on your own paper, please.	Philip, die Augen bitte aufs eigene Blatt!
You've got one minute to go now.	Jetzt habt ihr noch eine Minute.
Right – finish your sentence but don't start a new one.	So – schreibt den Satz noch zu Ende, aber fangt keinen neuen an.
Pens down – hands up!	Stift hinlegen – Hände hoch!

Mohammed and Judith, please collect the papers from the back.	Mohammed und Judith, ihr sammelt bitte von hinten ein.
No talking, please!	Still, bitte!
Has anybody still got their test?	Hat jemand noch nicht abgegeben?
Okay, you can have a two-minute breather now.	So, dann könnt ihr euch mal zwei Minuten ausruhen.

1.7 Disziplin

Dealing with discipline	**Disziplin**
Settle down now!	Ruhe jetzt!
Quiet, please!	Seid mal bitte still!
I want you to stop talking now.	Stellt mal das Reden ein!
Class, fold your arms on the table.	Verschränkt mal alle die Arme auf dem Tisch!
Mara, face the front.	Mara, du schaust nach vorne bitte!
Sven, get on with your work.	Los, Sven, weitermachen!
Melanie, did you hear what I said? Repeat it, please.	Melanie, hast du mich verstanden? Dann wiederhole es bitte.
Tom, sit yourself down.	Tom, hinsetzen!
Stop what you're doing and listen to me.	Lasst mal die Arbeit und hört kurz her.
Merve, you keep to your side of the desk.	Merve, bleib auf deiner Seite!
Put your hand up if you want to say something. Don't shout out.	Bitte melden, wenn ihr was zu sagen habt, nicht reinrufen!
Put your chewing gum in the bin, please.	Das Kaugummi bitte in den Eimer!

That was very rude! I'm surprised at you!	Das geht mal gar nicht! Ich muss mich schon wundern!
We don't laugh when somebody makes a mistake.	Wir lachen andere nicht aus, wenn sie einen Fehler machen.
Lara, hand over your mobile, please. You can collect it at the end of the lesson.	Lara, das Handy bitte. Du kriegst es nach der Stunde wieder.
Lars, leave Tom alone. I don't care who started it. Just stop it now.	Lars, lass Tom in Frieden. Es ist egal, wer damit angefangen hat. Schluss jetzt.
Lilly, I'm giving you one last warning.	Lilly, das war die letzte Warnung.
Could you please not talk when I'm talking.	Ich rede gerade, seid bitte so höflich und hört zu.
That does it. Go and sit over there next to Eva, please – now.	Das reicht jetzt. Du setzt dich bitte drüben neben Eva hin. Sofort!
See me after the lesson.	Komm nach der Stunde zu mir.
I'm putting your name down. You come and talk to me after the lesson, please.	Ich schreibe dich auf. Nach der Stunde will ich dich sprechen.
You haven't been paying attention, Ben. You'll have to do some extra work to catch up. Copy out page 14 and write the exercise very tidily in your exercise book.	Ben, du passt nicht auf. Du musst Zusatzaufgaben machen, damit du mithalten kannst. Du schreibst die Seite 14 ab, und zwar schön ordentlich in dein Heft.

1.8 Hausaufgaben stellen

Setting homework	**Hausaufgaben stellen**
For homework, I want you to finish this task, then do exercise 4 a and b on page 39, in writing, in your exercise book, please.	Als Hausaufgabe macht ihr bitte diese Aufgabe fertig, dann die Übung 4 a und b auf Seite 39, bitte schriftlich ins Heft.

I've put the homework assignment on the board.	Die Hausaufgabe steht an der Tafel.
Here's your task for next week. You must have it ready for Wednesday.	Hier ist eure Aufgabe für nächste Woche. Am Mittwoch müsst ihr sie vorzeigen können.
I want you to have a good look at the vocabulary in the unit again.	Schaut euch die Vokabeln der Unit nochmal gut an.
Go over the skills file again.	Arbeitet die *skills file* noch einmal durch.

1.9 Die Stunde beenden

Ending the lesson	**Die Stunde beenden**
We still have a couple more minutes left. The bell hasn't gone/rung yet.	Wir haben noch ein paar Minuten. Es hat noch nicht geklingelt.
We'll have to stop here. Just finish what you're writing.	Hier müssen wir Schluss machen. Schreibt eben noch zu Ende.
We'll do the rest of the exercise next lesson.	Den Rest der Übung machen wir in der nächsten Stunde.
We've run out of time.	Uns ist die Zeit davongelaufen.
This is your homework for next lesson.	Das ist die Hausaufgabe fürs nächste Mal.
Take it down in your diaries, please.	Schreibt sie bitte in euer Hausaufgabenheft.
I'm going to be checking this/ collecting some exercise books next lesson.	Ich werde das überprüfen/in der nächsten Stunde einige Hefte mitnehmen.
Make sure you learn this well.	Merkt euch das gut.
There's no homework today.	Heute gibt's nichts auf.

You can put your things away.	Ihr könnt nun einpacken.
Michelle, close the windows, please.	Michelle, schließt du bitte die Fenster?
Ali, remember to clean the board, please.	Ali, denk bitte dran, die Tafel zu putzen.
Class, remember to put up your chairs.	Denkt alle bitte daran, die Stühle hochzustellen.
Pull your desks straight, please.	Stellt die Tische ordentlich zurück.
Before you go, pick up any rubbish under your desk.	Jeder schaut unter den Tisch und hebt den Müll auf.
Be quiet as you leave. Other classes are still working.	Ihr müsst draußen leise sein – andere Klassen haben noch Unterricht.
Bye-bye, everyone – have a nice weekend.	Auf Wiedersehen – ich wünsche euch ein schönes Wochenende!
See you again on Friday.	Bis Freitag.
Come along, it's breaktime. Off you go!	Los jetzt, es ist Pause. Auf geht's.
Everybody out, please – I'm waiting!	So nun alle raus bitte – ich warte.

2.1 Hörverstehen

Listening	Hörverstehen
We'll be listening to a story/ a speech/some people talking/ a song today.	Wir hören heute eine Erzählung/ eine Rede/eine Unterhaltung/ ein Lied an.
You'll get a chance to hear the text twice.	Ihr bekommt Gelegenheit, den Text zweimal anzuhören.
Before we start, have a look at the pictures. What do you think you are going to hear about?	Schaut euch vor dem Hören die Bilder an. Worum wird es im Hörtext wohl gehen?
Remember what you already know about these people and tell your partner.	Versucht euch zu erinnern, was ihr schon über diese Leute wisst, und erzählt es eurem Partner.
What words do you expect to hear in the recording?	Welche Wörter werden wohl im Hörtext vorkommen?
Now we have read the story, but the ending is on the CD. How do you think the story will end?	Nun haben wir die Geschichte gelesen, doch der Schluss ist als Aufnahme auf der CD. Wie wird die Geschichte wohl ausgehen?
Now before you listen, I am going to give you three keywords: *beach – digging – smugglers*. Try and guess what the listening text is about.	Ehe ich den Text abspiele, verrate ich euch drei Schlüsselbegriffe: *beach – digging – smugglers*. Nun ratet mal, worum es im Hörtext geht.
When I play it to you first, just try to get the gist of the text. Don't worry if you hear a word you don't know.	Wenn ich den Text jetzt das erste Mal abspiele, versucht ihr, nur das Wesentliche zu verstehen. Macht euch keine Sorgen, wenn ihr ein unbekanntes Wort hört.
Sit back and relax. Listen carefully. Quiet now, please.	Lehnt euch zurück und entspannt euch. Aufpassen – hört gut zu.
Now, were you right with your guess before the listening started?	Und habt ihr mit eurer Vermutung Recht behalten?

Okay, so what did you understand? Let's use the w-questions to remember what was in the text.	So, was habt ihr denn nun verstanden? Stellen wir mal die W-Fragen, um den Inhalt des Textes zu wiederholen.
What's the right order for the pictures?	Was ist die richtige Reihenfolge dieser Bilder?
Read the right/wrong questions. Work in pairs. If the sentence is wrong, try to correct it.	Lest die Sätze und entscheidet: richtig oder falsch? Arbeitet zu zweit. Wenn der Satz falsch ist, korrigiert ihr ihn.
Read the summary of the text and correct the mistakes.	Lest die Inhaltsangabe und verbessert die Fehler.
Choose the correct ending for each sentence from the three that are given.	Wählt die richtige Fortsetzung zu jedem Satz aus; drei stehen zur Auswahl.
Match the five people with the opinions they give in the recording.	Ordnet den fünf Sprechern die Meinungen zu, die sie im Hörtext vertreten.
Now you're going to listen a second time. This time, you need to take notes.	Beim zweiten Hören sollt ihr euch nun Notizen machen.
Partner A, please take notes on the girl and what she thinks of the problem. – Partner B, you take notes on what the parents say.	Partner A macht sich Notizen über das Mädchen und was es zum Problem meint. – Partner B notiert sich, was die Eltern sagen.
Notes only, please, no sentences.	Bitte nur Notizen und keine Sätze.
Are you ready? – Off we go.	Seid ihr bereit? – Dann los!
Listen again and look at the map. Follow the path of the escaped man with your finger.	Hört ein zweites Mal zu und schaut euch die Karte an. Zeichnet den Weg des Flüchtenden mit dem Finger nach.
Please read the sentences, but don't write anything yet.	Lest euch die Sätze durch, aber fangt noch nicht an zu schreiben.

Has anybody got a question?	Hat noch jemand eine Frage?
Okay, you can fill in the gaps/ finish the sentences while you listen again.	Okay, dann könnt ihr nun beim Hören die Lücken ausfüllen/die Sätze vervollständigen.
I'm going to play you a very short part of the conversation, and I'm going to play it twice. Listen extra carefully and write down exactly what the woman answers here.	Ich spiele euch einen sehr kurzen Teil der Unterhaltung vor, und zwar zweimal. Hört ganz genau hin und schreibt exakt das auf, was die Frau als Antwort gibt.

2.2 Leseverstehen

Reading	**Leseverstehen**
Before we start, have a good look at the pictures. Now have a guess – what might happen in the story?	Ehe wir anfangen, schaut euch die Bilder gut an. Und nun ratet mal – was könnte in der Geschichte passieren?
Look at the headline – who has an idea what the text might be about?	Schaut euch die Überschrift an – wer kann sich vorstellen, worum es im Text geht?
I want you to skim through the text quickly – don't read slowly and carefully, just try and get the gist.	Überfliegt den Text schnell – ihr braucht ihn nicht sorgfältig lesen, macht euch erst einmal nur ein Bild davon, worum es geht.
And stop! So let's share ideas/swap ideas between partners now.	Kommt nun zum Schluss. Wir wollen unsere Ideen in Partner-arbeit austauschen.
Read as far as line 125 please, and stop there. You'll see there are some words explained at the bottom. Take your time.	Lest nun bitte weiter bis Zeile 125, da haltet ihr ein. Ihr seht, da werden unten einige Wörter erklärt. Nehmt euch Zeit.
Before we go on, let's agree on the main ideas.	Ehe wir weitermachen, wollen wir uns über die Grundideen einig werden.

The w-questions can help us here.	Die W-Fragen können dabei hilfreich sein.
Please ask a w-question and answer it.	Stellt jeweils eine W-Frage und beantwortet sie.
Was there something you didn't understand? – Are you sure? – So let me ask you: why is ...?	Gab es Verständnisprobleme? – Sicher? – Dann stelle ich mal die Frage: Warum ist ...?
How do you reckon the story will go on?	Was meint ihr, wie geht die Geschichte weiter?
Fine, so now you can continue reading quietly.	So, dann könnt ihr nun still weiterlesen.
Was that what you expected to happen?	Habt ihr diese Wendung erwartet?
Now you have finished, I want you to put these sentences in the right order.	Nun da ihr fertig seid, sollt ihr diese Sätze in die richtige Reihenfolge bringen.
Look at the plan of the house and say where the three characters were.	Schaut den Grundriss an und sagt, wo die drei Figuren sich aufhielten.
I want you to go through the text a second time.	Nun sollt ihr den Text ein zweites Mal durcharbeiten.
Underline words that tell you something about the scene of the crime.	Unterstreicht die Wörter, die etwas über den Tatort aussagen.
Scan the text and fill in the table with all the information you can get.	Überfliegt den Text und tragt alle Informationen in die Tabelle ein, die er hergibt.
Did you enjoy the text?	Hat euch der Text gefallen?
Did you think the outcome was realistic?	Haltet ihr das Ende für realistisch?

What would you say is the message of this piece of writing?	Wie würdet ihr die Botschaft des Textes zusammenfassen?
Do you agree with the writer's view?	Stimmst du mit der Ansicht des Autors überein?
Your task is to provide an alternative ending.	Deine Aufgabe besteht darin, ein anderes mögliches Ende zu verfassen.
Imagine the characters meet up again in a café five years later. Consider how they might feel about the events and write a dialogue.	Stellt euch vor, die Figuren begegnen sich fünf Jahre später in einem Café. Überlegt, wie sie wohl im Rückblick über die Ereignisse denken, und schreibt dazu einen Dialog.
Go back over the text and divide it into five parts. Label those parts.	Schaut euch den Text noch einmal an und teilt ihn in fünf Abschnitte ein. Findet für jeden Abschnitt eine Überschrift.
Focus on the verbs and find examples of the past progressive.	Achtet besonders auf die Verben und findet Beispiele für das *Past Progressive*.
For homework, I want you to read on ahead to page 25.	Als Hausaufgabe sollt ihr bis Seite 25 weiterlesen.
Please mark up the text. Remember to mark the sections you find. Then underline the key words or passages. A question mark in the margin means you need to ask about the meaning.	Arbeitet den Text mit dem Stift durch. Denkt daran, die Abschnitte zu markieren. Dann unterstreicht ihr die Schlüsselwörter und -passagen. Wo ihr Verständnisschwierigkeiten habt, macht ihr ein Fragezeichen an den Rand.
Use your dictionary to check on new words and phrases.	Verwendet das Wörterbuch, um die Bedeutung neuer Wörter oder Ausdrücke nachzuschlagen.

2.3 Vorlesen

Reading out loud	**Vorlesen**
How would you like us to read the next passage? Do you prefer to read quietly, do you want to read aloud, or shall I read for you?	Wie sollen wir denn den nächsten Abschnitt lesen? Lieber still lesen, möchtet ihr vorlesen oder soll ich euch vorlesen?
You can read the dialogue in pairs.	Den Dialog könnt ihr mit dem Partner vorlesen.
Take your time reading. Make a little break between sentences. Don't rush it.	Nehmt euch Zeit beim Lesen. Zwischen den Sätzen macht ihr eine Pause. Nicht hetzen!
Mark up the text ready for reading aloud. Use a pencil and make marks for short breaks and words that need to stressed.	Markiert euch den Text so, wie ihr ihn vorlesen wollt. Arbeitet mit einem Bleistift und setzt eure eigenen Zeichen für kurze Pausen und Betonungen.

2.4 Sprechen

Speaking	**Sprechen**
Let's practise speaking the new words.	Üben wir die Aussprache der neuen Wörter.
Please say the words after me. Ready?	Sprecht mir bitte nach. Seid ihr bereit?
Look at the board. Practise the dialogue with your partner, A and B. Swap A and B after a bit.	Schaut auf die Tafel. Übt den Dialog mit dem Partner – A und B. Tauscht nach einer Weile die Rollen.
Say the words in the speech bubbles. Finish the sentences in your own words.	Sprecht die Texte in den Sprechblasen und ergänzt die Sätze mit euren eigenen Worten.
Any questions? Off you go then.	Gibt es Fragen? Dann mal los.

Write down some questions from the board. Now mill around the classroom and ask and answer the questions.	Schreibt ein paar Fragen von der Tafel ab. Nun geht ihr durch die Klasse, indem ihr die Fragen stellt und beantwortet.
Learn the rhyme off by heart. You can recite it in front of the class tomorrow.	Lernt das Gedicht auswendig. Morgen könnt ihr es vor der Klasse aufsagen.
Look at this picture for 60 seconds. Then close your book and tell your partner what you remember. Can you remember twelve things?	Schaut das Bild 60 Sekunden lang an. Dann schließt das Buch und sagt dem Partner, was ihr euch gemerkt habt. Versucht, zwölf Dinge zu nennen.
You and your partner have two pictures. There are six differences. Describe your picture to your partner and listen to him or her. Don't show, but talk about your pictures until you have got the six differences.	Ihr habt beide jeweils ein Bild. Bis auf sechs Unterschiede sind sie einander gleich. Beschreibt dem Partner euer Bild und hört ihm zu. Zeigt euer Bild nicht vor, sondern tauscht euch so lange aus, bis ihr die sechs Unterschiede gefunden habt.
Look at these questions. Team up with a partner and take turns asking and answering them.	Schaut euch diese Fragen an. Sucht euch einen Partner und befragt euch gegenseitig.
Look at the statement on the board: "I'm lost without my mobile." Think about that for a moment – and let's have a little discussion about it.	Lest diese Aussage an der Tafel: *„I'm lost without my mobile."* Darüber denkt ihr mal nach. – Und nun lasst uns dazu ins Gespräch kommen.
Please try to speak up so everyone can hear you. – Sorry, say that again?	Sprecht bitte alle lauter, damit man euch hört. – Sagst du das bitte noch einmal?
Please speak to the class. They need to understand you.	Sprich bitte die Klasse an – die muss dich verstehen können.
Take on roles. Try to speak with expression.	Übernehmt eine Rolle. Versucht, mit Ausdruck vorzutragen.

Discuss the topic in groups, please. You know our rule: English only!

Besprecht das Thema in euren Gruppen. Und denkt an unsere Regel: *English only!*

The homework is to prepare notes for a five-minute talk in the next lesson.

Als Hausaufgabe macht ihr euch Notizen für eine fünfminütige Minirede in der nächsten Stunde.

Come up to the front, please. Class, don't make it hard for him. Take a deep breath and off you go.

Komm bitte nach vorne. Und ihr macht es ihm bitte nicht so schwer! Einmal tief durchatmen und los geht's!

Please remember, I'll be taking down oral marks for the next couple of weeks.

Denkt bitte daran, die nächsten beiden Wochen mache ich mündliche Noten/Epochalnoten.

Let's be hearing from the quiet students in the class, too.

Auch von den ruhigen Schülerinnen und Schülern würde ich gerne etwas hören.

I need everyone to do an oral presentation on their topic this term. Please check the pronunciation of difficult words.

Dieses Halbjahr muss jeder eine mündliche Präsentation zum eigenen Thema machen. Bitte überprüft vorher die Aussprache schwieriger Wörter.

2.5 Schreiben

Writing

Schreiben

Now we've read Jenny's mail, it's your turn to send her one back.

Nun da wir Jennys Mail gelesen haben, ist es eure Aufgabe, ihr zurückzuschreiben.

First, you need to collect ideas. Look again and see what questions she asks you.

Zunächst müsst ihr Ideen sammeln. Schaut noch mal nach, welche Fragen sie stellt.

Next, brainstorm things to write.

Macht nun ein Brainstorming, um Themen zu sammeln.

Don't write sentences, just scribble down ideas.	Notiert euch nur Stichworte, keine Sätze.
Put your heads together with your partner and exchange your ideas.	Steckt zu zweit die Köpfe zusammen und tauscht Ideen aus.
Now's the time to look at your ideas and decide what to start with and what comes next. Put your notes in order.	Schaut dann die Ideen an und entscheidet, womit ihr anfangen wollt und was danach kommen soll. Ordnet die Notizen.
Please remember what comes at the top of a mail before you write your message – and remember how to close a mail, too.	Nun erinnert euch bitte, was in den ersten Zeilen einer Mail steht – noch vor der Mitteilung – und denkt auch an den Schluss.
Finally, write out your mail neatly in your exercise book. Don't forget the headline before you start.	Schreibt die Mail dann zum Schluss ordentlich ins Heft. Denkt an die Überschrift!
Leave every other line free for corrections, please. Leave a margin, too.	Jede zweite Zeile lasst ihr bitte für die Berichtigung frei. Denkt daran, auch den Rand frei zu lassen.
Use a dictionary if you need a word.	Nutzt ein Wörterbuch, um unbekannte Wörter nachzuschlagen.
Okay, anybody still at work? Please stop what you're doing and listen.	Okay, ist jetzt noch jemand am Schreiben? Dann hört jetzt auf und schaut bitte einmal hoch.
Now you have your first draft. We still need to revise the text you have written.	Nun habt ihr ins Unreine geschrieben. Den Text müssen wir noch überarbeiten.
Let's put together a checklist on the board. What do we want to look out for when we revise?	Stellen wir an der Tafel eine Checkliste zusammen: Worauf wollen wir bei der Überarbeitung achten?
All right, please swap your exercise books and take a pencil. Read very carefully and check the points on our list.	Gut, tauscht nun bitte eure Hefte aus und nehmt einen Stift zur Hand. Lest ganz aufmerksam und überprüft die Punkte auf der Liste.

For homework, you can write the final version in your exercise book – or you can print it out on the computer and stick the text in your exercise book like a proper mail.	Als Hausaufgabe schreibt ihr die Mail ins Reine oder ihr gebt sie in den Computer ein und klebt den Ausdruck wie eine richtige Mail ins Heft.
For homework today, I asked you to think of a story that you could tell.	Als Hausaufgabe zu heute habt ihr euch eine Geschichte zum Erzählen überlegt.
So you know *what* you are going to write, the question now is, *how* are you going to tell the story?	Nun wisst ihr, *was* ihr schreiben wollt. Jetzt geht es darum, *wie* ihr die Geschichte erzählen wollt.
Remember your German lessons – let's collect tips on telling good stories.	Aus dem Deutschunterricht zum gleichen Thema habt ihr sicher noch gute Erzähltipps parat.
People like a story that is interesting and exciting, maybe funny, too. But when they read a report, they expect a different text. They read a report to get some clear information.	Eine Geschichte ist gut zu lesen, wenn sie interessant und spannend, vielleicht auch lustig ist. Doch beim Lesen eines Berichtes erwarten wir etwas anderes, denn dort geht es um klare Informationen.
Your report will be clearer to read if you split your writing into short paragraphs.	Dein Bericht liest sich leichter, wenn du den Text in kurze Absätze gliederst.
Start a new paragraph for each new idea.	Für jede neue Idee beginnst du einen neuen Absatz.
Begin each paragraph with a topic sentence; this sentence presents the most important part of the new idea.	Jeden Absatz eröffnest du mit einem *topic sentence*; ein solcher Satz fasst zusammen, was an der neuen Idee am wichtigsten ist.
Does this sound like you – there's a creative writing task on the paper but you have no ideas at all? That happens to a lot of people. So let's hear your tips: what do you do if you're stuck for an idea?	Kommt dir das bekannt vor: Auf dem Aufgabenblatt steht eine kreative/freie Schreibaufgabe und dir fehlt jede Eingebung? Das passiert vielen Menschen. Also reden wir mal darüber: Was tue ich, wenn mir nichts einfällt?

When you get a writing assignment in a test, read it very, very carefully. Make sure that you write exactly what it tells you, not what you think it says!

Bei Schreibaufgaben in Arbeiten musst du besonders genau hingucken. Achte darauf, genau das zu schreiben, was verlangt wird, nicht das, was du dir vorstellst!

2.6 Grammatische Strukturen

Grammatical structure	Grammatische Strukturen
Class, look at the sentences on the board. Marc, read them out, please. They are from our text; do you remember who said them?	Schaut euch bitte die Sätze an der Tafel an. Marc, lies bitte vor! Sie stammen aus unserem Text; wisst ihr noch, wer sie gesprochen hat?
Can you see that they both follow the same form? What is the same in both sentences? What do they have in common?	Könnt ihr erkennen, dass sie beide die gleiche Form haben? Was ist denn dabei gleich? Was haben sie gemeinsam?
Now you'll find five more examples of this form in the text we've just read. Try and find those five examples in the text.	Ihr findet nun fünf weitere Beispiele dieser Form im Text, den wir gerade gelesen haben. Sucht sie im Text.
Let's hear what you found. Read them out, please, and I'll write them on the transparency.	Was habt ihr gefunden? Bitte vorlesen; ich schreibe auf der Folie mit.
Now I need to underline the new structure. Look, I've done that in the first two examples. Please tell me what I must underline in the other examples.	Nun muss ich die neue Struktur unterstreichen. Schaut mal, bei den ersten beiden Beispielen habe ich es schon getan. Sagt mir mal, was ich nun noch unterstreichen muss.
Here are some prompts – work with a partner. Use the prompts and try to make some new sentences with the same form.	Hier stehen Stichwörter – arbeitet mit dem Partner und nutzt die Stichwörter, um neue Sätze nach dem gleichen Muster zu bilden.
So when do we use this structure?/ What do we use it for? – Is it to talk about ... or ...?	Also, wann/wozu verwenden wir die Struktur? Brauchen wir sie, um ... oder ... auszudrücken?

Fine, I'll write down the rule under the examples.

Stimmt. Ich schreibe die Regel unter die Beispiele.

One last thing: Look carefully at all the words we have underlined. What parts do you need to make this form?

Noch etwas – schaut euch mal die Wörter an, die wir unterstrichen haben. Aus welchen Teilen wird die Form gebildet?

Right. Now we've got the examples, the rules about when you use this form and how you put it together.

So, nun haben wir die Beispielsätze und die Regeln, wann wir die Struktur verwenden und wie wir sie bilden.

Copy it all down neatly in your exercise book, please.

Das übertragt ihr bitte alles ordentlich ins Heft.

If you have finished copying, write down two or thee of your own examples at the end.

Wer fertig ist mit dem Abschreiben, schreibt noch zwei oder drei eigene Beispiele auf.

Now you can have a go at exercise 7; if you get stuck, there's more help at the back of the book.

Dann könnt ihr euch mal an die Übung 7 machen; wer nicht weiterkommt, kann sich hinten im Buch Hilfe holen.

2.7 Wortschatz und Rechtschreibung

Vocabulary and spelling

Wortschatz und Rechtschreibung

Please tell me the words or phrases that you don't know.– Right – *tune*. Can you guess that word? Yes, it's a bit like a song – you can say *melody*, *tune* and *melody* are the same.

Nennt mir mal die neuen Wörter oder Wendungen. – Richtig – *tune*. Kannst du auch die Bedeutung erraten? Ja, es heißt schon so etwas wie *song* – man kann auch *melody* sagen, *tune* und *melody* bedeuten dasselbe.

Yes, *keep in touch*, that's new, too.

Richtig, *keep in touch* ist auch neu.

Can you guess that from the context?

Kannst du vom Kontext her erraten, was das heißt?

What would we say in German?	Wie würden wir das auf Deutsch sagen?
And *allergic* is a new word, too, but you can understand that. It's nearly the same word in German. In English, we say you are *allergic* *<u>to</u> something*.	Und *allergic* ist auch ein neues Wort, aber das versteht ihr schon. Im Deutschen ist es fast gleich. Wir sagen im Englischen *allergic <u>to</u>*.
Look at the words and phrases on the board. You say them after me, please. Are you ready? All together now ...	Schaut euch die Ausdrücke an der Tafel an. Ich spreche sie euch vor und ihr sprecht nach. Seid ihr bereit? Alle miteinander ...
Okay, now look at the list and take turns reading the words, your partner and you.	Okay, schaut nun auf die Liste an der Tafel und lest die Wörter abwechselnd vor, erst der eine, dann der andere Partner.
I want someone to come up to the front now. – You point at a word or a phrase and say somebody's name to read it. Ready?	Nun darf jemand an die Tafel. – Du zeigst auf einen Ausdruck und wählst jemanden aus, der ihn vorlesen soll. Seid ihr bereit?
No, listen carefully, it's *rhythm* – say it again, please. – Great.	Nein, hör gut zu: Es heißt *rhythm* – wiederhole das bitte. – Prima!
Let's practise spelling now.	Nun üben wir die Rechtschreibung.
My word is T – U – N – E . What's my word? – Right!	Mein Wort buchstabiert sich T – U – N – E. Wie heißt mein Wort? – Richtig.
Now you all spell for your partner and have him or her guess the word.	Nun buchstabiert ihr die Wörter für den Partner und lasst ihn raten.
Copy down the words and phrases from the board onto your cards/into your vocab books.	Schreibt die Ausdrücke von der Tafel auf eure Karten/ins Vokabelheft ab.
Have a good look at the vocab for homework. There'll be a test on this tomorrow.	Schaut euch die Vokabeln zu Hause gut an. Morgen gibt es einen Test darüber.

Let's talk about the best way to learn your vocab. Can you share your learning tips in class?	Sprechen wir einmal über die beste Art, Vokabeln zu lernen. Gebt mal eure Lerntipps weiter!
Some people can remember the sound of a word better than the written word.	Manche können den Klang eines Wortes besser behalten als das geschriebene Wort.
Some people need to imagine a picture to help them learn.	Manche müssen sich ein Bild vorstellen, um zu lernen.
Perhaps you know a word to rhyme with the new word.	Vielleicht kennst du ein Wort, das sich mit der Vokabel reimt?
Or you can link it to a German word you know.	Oder du bringst sie mit einem deutschen Begriff in Verbindung.
It's easier to remember words that belong to the same family, like *sail*, *sailor*, *sailing ship*.	Wörter, die zur gleichen „Familie" gehören, lernen sich leichter, wie *sail*, *sailor*, *sailing ship*.
Many English words can be a noun, a verb or an adjective with little change.	Viele englische Wörter können ein Nomen, ein Verb, ein Adjektiv darstellen und sich dabei kaum verändern.
Think of a group word like *beach* and then think of all the words that fit it: *sea*, *sand*, *ice-cream*.	Denkt einmal an einen Oberbegriff wie *beach* und dann an alle dazu passenden Wörter: *sea*, *sand*, *ice-cream*.
If you meet a new word that you don't know, make a guess.	Wenn ihr auf ein neues, euch unverständliches Wort stoßt, versucht, seine Bedeutung zu erraten.
Can you guess from the context?	Könnt ihr es aus dem Kontext erschließen?
Does it sound like a German word?	Klingt es einem deutschen Wort ähnlich?
If that's no good, look the word up in a dictionary. You will save time if you first identify the type of word (noun, verb, adjective, ...).	Kommst du nicht weiter, dann schau im Wörterbuch nach. Dabei sparst du Zeit, wenn du erst die Wortart bestimmst.

Use your new words – don't lose them!	Benutze deine neuen Wörter, damit du sie nicht vergisst!
Remember, in English you often pronounce the word differently from the way you spell it.	Denkt daran, dass man im Englischen ein Wort oft anders ausspricht, als es geschrieben wird.
Some letters in a word are silent – like the gh in *dough* or the b in *doubt*. You still have to write them, though.	Manche Buchstaben hört man beim Sprechen nicht, z. B. das gh in *dough* oder das b in *doubt*. Schreiben muss man sie trotzdem.
Don't forget the double consonants in words like *winning* or *hidden* or *forgotten* – they always follow a short vowel.	Vergesst nicht die Doppelkonsonanten in Wörtern wie *winning* oder *hidden* oder *forgotten* – sie folgen immer einem kurzen Vokal.
Remember to start weekdays and months with a capital letter – *Monday*, *March*.	Denkt daran, Wochentage und Monate immer großzuschreiben.
Don't mix up English and French spelling – in French, you write an e at the end of a word more often than in English.	Verwechselt nicht die englische und französische Schreibung – im Französischen steht häufiger als im Englischen das e am Wortende.
Make a list of your favourite spelling mistakes – *rhythm*, *especially*, ... Make sure you spell them correctly on the list!	Macht euch eine Liste eurer Lieblingsfehler, wie *rhythm*, *especially* ... Aber achtet darauf, die Wörter auf der Liste richtig zu schreiben!
Look out for the endings of words: It's *independence* but *entrance*, *mayor* but *cellar*.	Gebt acht bei den Wortendungen: Es heißt *independence*, aber *entrance*, *mayor*, aber *cellar*.
British and American spelling is sometimes different: *centre* but *center*, *colour* but *color* – stick with one or the other system.	Die britische und die amerikanische Schreibweise unterscheiden sich manchmal voneinander: *centre*, aber *center*, *colour*, aber *color*. Bleibt immer bei der einen oder anderen Schreibweise.

3.1 Einzelarbeit

Working alone	**Einzelarbeit**
Now please listen carefully.	Hör bitte aufmerksam zu.
Read the tasks carefully before you begin.	Lies die Aufgaben genau durch, bevor du anfängst.
Please do the tasks in writing.	Erledige die Aufgaben bitte schriftlich.
Please use complete sentences.	Schreibe in ganzen Sätzen.
Make some brief notes of your ideas.	Halte deine Ideen in Stichpunkten fest.
Write down the key ideas in the text.	Schreibe dir die zentralen Punkte des Textes auf.
Please underline the key points.	Unterstreiche die wichtigen Ideen.
Give each paragraph a title/heading.	Gib jedem Absatz eine Überschrift.
As you see, there are three different versions of the tasks.	Wie du siehst, gibt es drei verschiedene Aufgabenversionen.
I have given you some options to choose from.	Es stehen verschiedene Optionen zur Auswahl.
Choose the one you are most comfortable with.	Wähle diejenige aus, mit der du am besten zurechtkommst.
Do the version you think you can handle best.	Wähle die Version, die du deiner Meinung nach am besten erledigen kannst.
If you need a little help/some ideas, you can have a look at the cards on the windowsill/shelf.	Wenn du Hilfe/Ideen brauchst, schau dir die Kärtchen auf der Fensterbank/dem Regal an.
There are some helpful hints on the cards over there.	Auf den Hilfskärtchen da drüben findest du hilfreiche Tipps.

Everyone must do exercises 1–3. If you have some extra time, you may do more.	Alle müssen Aufgaben 1–3 machen. Wenn du noch Zeit hast, darfst du mehr machen.
Try to challenge yourself.	Trau dir was zu.
Is everything clear?	Ist alles klar?
Have you got any questions?	Hast du noch Fragen?
Tom, could you please explain the task in your own words?	Tom, könntest du die Aufgabe in eigenen Worten erklären?
You will have ten minutes to complete this task.	Du hast zehn Minuten, um die Aufgabe zu erledigen.
Keep an eye on the time.	Behalte die Zeit im Auge.
You should have finished about half of the tasks by now.	Du müsstest schon etwa die Hälfte der Aufgaben erledigt haben.
Time is running out.	Die Zeit ist fast um.
When you are finished, you can check your answers with the answer key.	Wenn du fertig bist, kannst du deine Ergebnisse mit dem Kontrollblatt abgleichen.
You can compare your answers with your neighbour's. Mark the answers you disagree on. You can ask the class/me about these at the end.	Du kannst deine Antworten mit deinem Nachbarn vergleichen. Markiere die Unterschiede. Dazu kannst du der Klasse/mir später Fragen stellen.

3.2 Partnerarbeit

Working in pairs	**Partnerarbeit**
I would like you to work with your partner/with the person next to you now.	Arbeite jetzt bitte mit deinem Partner/Tischnachbarn.
You may choose your own partner today.	Heute darfst du selbst einen Partner aussuchen.

Please work with someone who is not your neighbour/your regular partner.

Arbeite bitte mit jemandem zusammen, der nicht dein Tischnachbar/üblicher Partner ist.

You may quietly mill around the room and find a new partner each time I ring the bell.

Du darfst dich im Raum leise bewegen. Wenn die Glocke läutet, suche einen neuen Partner.

Compare your answers with your partner's.

Vergleiche deine Ergebnisse mit denen deines Partners.

Ask each other questions about the text. Listen carefully to your partner's response.

Stellt euch gegenseitig Fragen zum Text. Höre genau zu, wie dein Partner antwortet.

Practise the dialogue with your partner. Be sure to read with expression!

Übe den Dialog mit deinem Partner. Denke daran, mit Ausdruck vorzulesen.

Please exchange workbooks with your partner. Then take a pencil and tick/check off the correct answers or correct them if they are wrong. When you have finished, hand the workbooks back to the owners.

Tausche mit deinem Partner die Arbeitshefte. Mit Bleistift kannst du die richtigen Antworten mit Häkchen versehen – oder sie verbessern, wenn sie falsch sind. Wenn ihr fertig seid, gebt die Arbeitshefte zurück.

Fold the tandem page in half and recite the correct dialogue.

Faltet das Tandemblatt in der Mitte und sprecht den Dialog.

Make up a scene and be prepared to present it to the class.

Erfinde einen kurzen Dialog und bereite dessen Vorführung vor.

Draft a short dialogue and write it down in your exercise books.
Well, does everybody understand the task?

Erstelle einen kurzen Dialog und schreibe ihn ins Heft.
So, versteht jeder die Aufgabe?

Have you got any questions before we begin?

Gibt es noch Fragen, bevor wir anfangen?

You will have five minutes to complete this task.

Für diese Aufgabe hast du fünf Minuten Zeit.

When you are finished, please wait quietly for the others.	Wenn du fertig bist, warte bitte leise auf die anderen.
Now let's get to work!	So dann legen wir los!
No fooling around!	Keinen Quatsch machen!
You need to concentrate a bit more!	Du musst dich ein bisschen besser konzentrieren!
No (unnecessary) chit-chat, please!	Höre bitte auf (unnötig) zu schwätzen!
If you have to chat with your neighbour, do it in English!	Wenn du unbedingt schwätzen musst, mach's bitte auf Englisch!
Your time is coming to an end. Please finish up quickly now!	Die Zeit ist bald vorbei. Kommt jetzt bitte zum Schluss!
Time's up!	Die Zeit ist um!
Let's have a look at the results of your work.	Jetzt schauen wir uns eure Ergebnisse an.
Let's see what interesting things you have come up with.	Nun schauen wir, was für spannende Ergebnisse ihr habt.

3.3 Gruppenarbeit

Working in groups	**Gruppenarbeit**
Today I would like you to work in groups. Before we begin, please listen carefully to the instructions.	Ich möchte, dass ihr heute in Gruppen arbeitet. Bevor wir anfangen, hört bitte genau zu.
You will find your name on one of the tables. Please take your things and move there.	Jeder findet seinen Namen auf einem der Tische. Zieht mit euren Sachen dorthin um.
Please count off by fives in order to form groups. The "ones" will meet in the back of the room in that corner. The "twos"' will work at this table ...	Zählt bitte bis fünf, um die Gruppen zu bilden. Alle „Einsen" treffen sich hinten in der Ecke. Die „Zweien" arbeiten dann an diesem Tisch ...

You will find all the materials you need on your table.

Alle benötigten Materialien findet ihr auf eurem Tisch.

Please send one person from each group to the front to get the materials required.

Schickt bitte einen aus jeder Gruppe vor, um die notwendigen Materialien zu holen.

Read the text carefully and underline the key points.

Lest den Text genau durch und unterstreicht das Wichtigste.

Write your thoughts on the strips of paper I have provided.

Schreibt eure Gedanken auf die Papierstreifen, die ich euch gegeben habe.

Re-read the text looking for all the vocabulary/terms related to this subject. Make a logical mind map with these words.

Beim zweiten Lesen markiert ihr die zum Thema gehörenden Vokabeln/Begriffe. Erstellt mit diesen Wörtern eine logische Mindmap.

It is your job to make a poster/transparency on your topic. Make it attractive/interesting.

Erstellt bitte ein Poster/eine Overheadfolie zum Thema. Gestaltet es/sie ansprechend.

Be sure your slides are well arranged/organized. Don't try to squeeze too much information onto one page.

Sorgt dafür, dass eure Folien gut gegliedert sind. Quetscht nicht zu viele Informationen auf eine Seite.

Use various colours.

Benutzt verschiedene Farben.

Underline the headings or the important things.

Unterstreicht die Überschriften oder Leitideen.

An illustration often helps people remember your point/message.

Eine Zeichnung kann oft eine gute Gedächtnishilfe sein.

Remember to share the work in your group. Sometimes it helps to divide up the tasks.

Teilt die Arbeit unter euch gut auf. Eine Aufteilung der Aufgaben ist manchmal hilfreich.

Make sure everyone has a chance to give his/her own opinion.

Sorgt dafür, dass jeder seine Meinung äußern kann.

If you need some food for thought, you can have a peek at the idea cards on my desk.	Wenn ihr noch Anregungen braucht, schaut mal auf die Hilfskärtchen auf dem Pult.
You will have 20 minutes time to complete this task. Use your time efficiently.	Ihr habt für diese Aufgabe 20 Minuten Zeit. Teilt euch die Zeit sinnvoll ein.
Don't forget to speak English!	Denkt daran, Englisch zu sprechen!
Those who slip into German may be delegated to make the presentation for the group!	Wer ins Deutsche zurückfällt, kann zur Präsentation der Gruppenergebnisse herangezogen werden.
Please select two people to present your results.	Sucht bitte zwei Personen aus, die eure Ergebnisse vorstellen.
Today I would like the oldest and the youngest member of each group to present the group work.	Heute dürfen der älteste und der jüngste Teilnehmer der Gruppe die Ergebnisse präsentieren.
Would group number three please come forward?	Ich bitte jetzt Gruppe drei nach vorne.
Please attach your strips of paper to the correct list.	Heftet eure Streifen in die passende Liste.
Can you please stick your cards to the right spot on the poster?	Ich bitte euch, eure Karten an der richtigen Stelle im Poster anzubringen.
Please explain the results of your work to the class.	Erläutert jetzt bitte der Klasse eure Ergebnisse.
Would anyone like to add anything?	Möchte irgendjemand etwas hinzufügen?
Your group has made some very interesting points.	Ihr habt auf viel Interessantes hingewiesen.
Thank you very much for these fascinating insights!	Vielen Dank für diese spannenden Einblicke!

3.4 Plakate gestalten

Making posters	Plakate gestalten
Your task is to prepare a poster/ display.	Eure Aufgabe ist es, ein Poster zu entwickeln.
Each group should have a sheet and three pens on their desks.	Jede Gruppe sollte ein Blatt und drei Stifte vor sich liegen haben.
Decide on a good heading for your poster and write it at the top or in the middle.	Einigt euch auf eine gute Überschrift und schreibt sie oben oder in der Mitte des Blattes hin.
Write your findings in key words or short sentences.	Eure Ergebnisse schreibt ihr als Stichpunkte oder kurze Sätze auf.
Your writing must be large enough to be read from the back of the classroom.	Die Schrift muss groß genug sein, um sie von hinten lesen zu können.
Don't write too small and spread the text out.	Schreibt nicht so klein und nutzt das gesamte Blatt.
Use lines and arrows to make the meaning clearer.	Nutzt Linien und Pfeile, um die Zusammenhänge zu verdeutlichen.
Don't spend too long on designing the headline.	Haltet euch nicht zu lange mit der Überschrift auf.
Stick your poster up on the board/ on the wall.	Befestigt das Poster an der Tafel/ Wand.
Please put it up straight.	Hängt es gerade auf.
Arrange the posters around the title there.	Ordnet die Poster um das Thema herum an.
There now, you've made it look really attractive!	So, das habe ihr richtig ansprechend gestaltet!

3.5 Referate und Buchvorstellungen

Making presentations and book reports	**Referate und Buchvorstellungen**
In order to cover this broad topic, I would like you to research one aspect and present it to the class.	Zur Behandlung dieses umfassenden Themas, hätte ich gerne, dass ihr einen einzelnen Aspekt recherchiert und dann der Klasse präsentiert.
You may work in groups of two or three pupils and choose your own groups.	Ihr dürft in Zweier- oder Dreiergruppen arbeiten und die Gruppen selbst einteilen.
The presentations should be about 20 minutes long.	Die Referate sollen etwa 20 Minuten dauern.
You may choose one of the topics from the list on the transparency.	Aus den Themen auf der Folie dürft ihr eins aussuchen.
Draw one of the slips of paper from the box to find out what your topic is.	Zieht einen Zettel aus dem Karton, um herauszufinden, welches euer Thema ist.
I have written the topics and presentation dates on the board.	Die Themen und Referatstermine stehen an der Tafel.
How would you go about researching your topic? Where could you find good sources of information?	Wie würdet ihr eure Recherchen anpacken? Wo findet man gute Informationsquellen?
In order to give your presentation focus, it is a good idea to formulate a question which you want to examine.	Um euer Referat zielgerichtet zu gestalten, ist es sinnvoll, eine übergeordnete Leitfrage zu formulieren.
Try to use a variety of sources which are in English. This will help you to acquire the appropriate vocabulary and your presentation will be more idiomatic.	Verwendet eine Vielzahl von englischen Quellen. Dadurch werdet ihr euch das passende Fachvokabular aneignen. Somit klingt das Referat idiomatisch.

We'll be meeting in the computer lab next time. So you can do some initial research with your partner.	Nächste Woche treffen wir uns im Computerraum, damit ihr zusammen mit eurem Partner erste Recherchearbeiten betreiben könnt.
I would ask you to collect some ideas in the next few days and then run them past me on Friday.	Ich möchte euch bitten, in den nächsten Tagen einige Ideen zu sammeln und sie mir am Freitag kurz vorzustellen.
I'd like to receive a short outline of your presentation plans on Wednesday.	Ich würde gerne am Mittwoch eine kurze Gliederung von euch erhalten.
When your outline has been cleared, you may proceed with your work.	Wenn ich mit eurer Gliederung einverstanden bin, könnt ihr mit der Arbeit fortfahren.
Your presentation should begin with your topic question and your intentions.	Das Referat soll mit eurer Leitfrage und euren Zielen beginnen.
It should have a logical structure.	Es sollte logisch aufgebaut sein.
Make your presentation interesting by including charts, photos or short clips.	Das Referat könnt ihr mit Tabellen, Fotos oder Filmausschnitten interessanter gestalten.
A tasty tidbit/interesting fact may arouse your classmates' interest!	Ein Aufhänger/eine interessante Tatsache kann das Interesse eurer Mitschüler wecken.
Speak clearly and keep eye contact with your audience.	Sprecht deutlich und haltet Augenkontakt zu den Zuschauern.
You may use notes, but don't just read them aloud.	Notizen sind erlaubt, sollen aber nicht vorgelesen werden.
Try to get the class involved in some way. Add an anecdote here or there.	Versucht, die Klasse einzubinden. Fügt ab und zu eine Anekdote ein.
Use appropriate forms of audio-visual media to present your topic.	Verwendet audiovisuelle Medien, die sich für das Thema anbieten.

Don't overload your transparencies, slides or posters with information.	Seht zu, dass eure Overheadfolien, Folien oder Poster nicht überladen sind.
Use an outline, diagram or keywords to highlight what you say.	Setzt eine Gliederung, ein Diagramm oder Stichpunkte als Stütze ein.
I have uploaded a list of possible books for your book reviews.	Ich habe eine Liste möglicher Bücher für eure Buchvorstellungen hochgeladen.
If you'd like to make your own choice, that's all the better!	Wenn ihr selbst ein Buch aussuchen wollt, umso besser.
Begin your book report by summarizing the plot. Be sure to answer the *who/what/when/where* questions.	Eure Buchvorstellung sollte mit einer Zusammenfassung der Handlung beginnen. Vergesst nicht, die W-Fragen (Wer? Was? Wann? Wo?) zu beantworten.
Mention things like the author, the year of publication and the genre.	Nennt den Autor, das Erscheinungsjahr und die Gattung.
Were there any particular circumstances surrounding the publication of the book?	Gab es irgendwelche besonderen Umstände im Zusammenhang mit der Veröffentlichung des Werks?
Is it important to know something about the times in which the book was written?	Wäre es wichtig, etwas über die Zeit zu wissen, in der das Buch geschrieben wurde?
Introduce the main characters and explain their relationships to one another. You might even want to visualize this using a diagram.	Stellt die Hauptfiguren vor und erläutert ihre Beziehungen zueinander. Ihr könntet diese auch mit einem Diagramm veranschaulichen.
Describe the atmosphere that the author creates.	Beschreibt die Atmosphäre, die der Autor schafft.
You may also want to read a short excerpt, so your audience gets a feel for the book.	Ihr könnt auch einen kurzen Ausschnitt vorlesen, um eurem Publikum einen Eindruck vom Buch zu vermitteln.

List the main themes and leitmotifs in the book.	Zählt die Hauptthemen und Leitmotive auf.
Describe the author's style giving vivid examples.	Beschreibt den Stil des Autors und gebt dafür anschauliche Beispiele.
Point out the book's general strengths and weaknesses.	Zeigt die allgemeinen Stärken und Schwächen des Buches auf.
Find out how popular the book was at the time of publication.	Stellt fest, wie beliebt das Buch zur Erscheinungszeit war.
What response did the book receive from critics?	Wie wurde das Buch von den Kritikern aufgenommen?
Did the book receive or was it nominated for any prizes?	Hat das Buch einen Preis gewonnen oder wurde es für einen nominiert?
Specify what age group you think the novel would appeal to.	Erläutert, welche Altersstufe sich eurer Meinung nach für diesen Roman interessieren könnte.
Don't forget to convey your own opinion of the book.	Denkt daran, eure Meinung zum Buch darzulegen.
Tell your classmates whether you would recommend the book to them.	Sagt euren Mitschülern, ob ihr ihnen das Buch empfehlen würdet.
Thank you for this comprehensive/stimulating/informative talk.	Danke für den umfassenden/spannenden/informativen Vortrag.
What constructive feedback would you like to give? Would you like to suggest any slight improvements?	Möchtet ihr euch konstruktiv dazu äußern? Habt ihr irgendwelche kleinen Verbesserungsvorschläge?
Your general conclusions at the end wrapped up your presentation well.	Die allgemeinen Schlussfolgerungen am Ende fassten das Referat gut zusammen.
The only real problem was the time factor. You need to stick to a pre-planned time frame.	Der Zeitfaktor war der Stolperstein. Ihr müsst euch an einen vorher festgelegten Zeitplan halten.

3.6 Rollenspiele

Doing role plays	Rollenspiele
Now write a short scene/make a short role play.	Schreibt eine kurze Szene/ein kurzes Rollenspiel.
Be sure everyone has a chance to speak. Try to divide the roles up evenly.	Sorgt dafür, dass jeder dran kommt. Teilt die Sprechanteile möglichst gleichmäßig auf.
Each person should write the whole scene in his/her exercise book. Practise quietly with your group.	Jeder schreibt die Gesamtszene ins Heft. Übt leise in eurer Gruppe.
When it's your turn, make sure you speak clearly and take your time!	Wenn du dran bist, sprich klar und deutlich und lass dir Zeit!
Don't forget to face your audience/the class.	Vergiss nicht, dein Publikum/die Klasse anzuschauen.
Make the appropriate/right gestures. It's not a bad idea to exaggerate a bit!	Die passende/richtige Gestik ist wichtig. Es schadet nicht, ein bisschen zu übertreiben!
You can use some props if you want to.	Wenn ihr wollt, könnt ihr Requisiten einsetzen.
Group two, would you like to begin?	Gruppe zwei, wollt ihr anfangen?
Let's have a big round of applause for these actors.	Jetzt ein großer Applaus für die Schauspieler!
Now wasn't that a nice performance!	Das war doch eine schöne Aufführung!
Can you tell the pupils what you liked about their scene/role play?	Sagt den Mitschülern, was ihr an ihrer Szene/ihrem Rollenspiel gut fandet.

3.7 Spiele

Playing games

Let's play a game today!

On each group table you will find a game board, four counters/markers, a stack of cards, two dice and the instructions.

Read the instructions carefully. The youngest person in the group begins.

Take turns by passing the dice clockwise.

If you land on a red space, you must skip/miss a turn.
If you land on a green space, you can roll again.

When you land on a space with a star, draw a card from the pile and read it aloud. Then do/carry out the task required.

If you land on a square which another player is on, that person must return to 'Start'.

The object of the game is to reach the finish first/to collect the most points.

Be a polite player and ask: "Whose turn is it?" or "Is it my turn now?" Don't forget to speak English to each other all the time!

Don't be a poor loser! It's only a game!

Spiele

Lasst uns heute etwas spielen!

Auf jedem Gruppentisch befinden sich ein Spielbrett, vier Spielfiguren, ein Stapel Karten, zwei Würfel und die Spielanleitung.

Lest die Anleitung genau durch. Der Gruppenjüngste fängt an.

Würfelt der Reihe nach im Uhrzeigersinn.

Wenn du auf Rot landest, setze einmal aus. Wenn du auf Grün landest, darfst du noch einmal würfeln.

Wenn du auf einem Feld mit einem Stern landest, ziehe eine Karte und lies sie laut vor. Dann führe die Anweisung aus.

Wenn du auf einem Feld landest, auf dem bereits ein Mitspieler steht, muss dieser zum Anfang zurück.

Das Ziel des Spiels ist es, zuerst ins Ziel zu kommen/die meisten Punkte zu sammeln.

Seid höflich und fragt: „Wer ist dran?" oder „Bin ich jetzt dran?" Denkt daran, immer Englisch miteinander zu reden.

Seid keine schlechten Verlierer! Es ist nur ein Spiel!

3.8 Lieder

Singing songs	Lieder
Let's listen to this song together.	Wir hören uns dieses Lied zusammen an.
It has three stanzas/verses. The singers repeat the chorus after each stanza/verse.	Es hat drei Strophen. Die Sänger wiederholen nach jeder Strophe den Refrain.
This time you can sing along!	Dieses Mal könnt ihr mitsingen!
I can't hear those of you sitting in the back. Don't be shy now!	Ich höre diejenigen, die hinten sitzen, nicht. Nur nicht schüchtern sein!
Nobody needs to be embarrassed. We're not on the radio!	Keiner muss sich schämen. Es wird nicht im Radio gesendet!
If you tap your foot, you can keep the beat better.	Schlagt den Takt mit dem Fuß, dann bleibt ihr besser im Rhythmus.
Everybody clap your hands to the music!	Jetzt klatscht bitte zum Rhythmus der Musik!
Let's sing it as a round. This half of the class will begin. The second half will join in after the fourth bar.	Jetzt singen wir es als Kanon. Diese Hälfte der Klasse fängt an. Die zweite Hälfte steigt nach dem viertenTakt ein.
Could anybody play that on the recorder? Would you mind doing so in the next lesson?	Könnte jemand das auf der Blockflöte spielen? Würde es dir etwas ausmachen, das in der nächsten Stunde zu tun?
It would be nice if someone could accompany us on the guitar or any other musical instrument.	Es wäre nett, wenn jemand uns auf der Gitarre oder einem anderen Instrument begleiten könnte.
What kind of mood does this song put you in?	Welche Stimmung vermittelt dieses Lied?

Is it sad and melancholic? Gentle and soothing? Snappy and invigorating? Atmospheric and mystical? Romantic and dreamy? Witty and fun?	Ist es traurig und melancholisch? Sanft und beruhigend? Peppig und belebend? Stimmungsvoll und mystisch? Romantisch und verträumt? Witzig und spaßig?
Explain what effect the mood of the song has on the message.	Erläutere, welche Wirkung die Stimmung im Lied auf die Aussage hat.

3.9 Gespräche im Plenum

Holding a discussion	**Gespräche im Plenum**
Let's try to get a grip on the main issue.	Jetzt wollen wir versuchen, das zentrale Problem zu erfassen.
Which topics/problems would you like to explore?	Welche Themen/Probleme möchtet ihr genauer untersuchen?
Pair off and discuss the core message of this text before we go on to a group discussion.	Unterhaltet euch mit einem Partner über die Hauptaussage des Textes, bevor wir im Plenum diskutieren.
State your opinion clearly!	Formuliere deine Meinung genau!
Give sound reasons for your points!	Begründe deine Ideen stichhaltig!
Make an effort to touch on/deal with different aspects.	Du solltest dich mit verschiedenen Aspekten auseinandersetzen.
Try not to generalize too much! Stick to the topic!	Verallgemeinere nicht zu sehr! Bleib beim Thema!
You're veering off now!	Jetzt weichst du vom Thema ab!
Listen carefully to what the others have to say. Don't interrupt your classmates.	Hör genau zu, was die anderen zu sagen haben! Unterbrich deine Mitschüler nicht!
Pick up on others' ideas! Then you can either elaborate or contradict.	Greife die Ideen anderer auf, baue sie aus oder widersprich ihnen.

Show appreciation for your classmates' ideas.	Zeige deinen Mitschülern, dass du ihre Ideen wertschätzt.
Don't be insulting!	Sei niemals beleidigend!
Feel free to change your position if you have been persuaded otherwise.	Deine Meinung kannst du ohne Weiteres ändern, wenn du von einer anderen Meinung überzeugt wurdest.

3.10 Debatten

Holding a debate	**Debatten**
We will be debating the pros and cons of this issue.	Wir debattieren über die Pro- und Kontra-Seiten dieses Problems.
You may have to present a position which contradicts your own beliefs.	Du wirst eventuell eine Position vorstellen müssen, die deiner eigenen Meinung widerspricht.
Each team will present one side of the issue.	Jede Mannschaft wird eine Seite des Themas präsentieren.
Give solid evidence and good reasons.	Führe stichhaltige Beweise und gute Gründe an.
Visual aids are permitted.	Visuelle Materialien sind erlaubt.
Each team will have an equal amount of speaking time.	Jede Mannschaft bekommt die gleiche Redezeit.
The pro side will have five minutes of uninterrupted time to present its arguments. After that the con side may do the same. Then you will have three minutes to confer with your group and prepare your rebuttals.	Die Pro-Fraktion bekommt für ihre Präsentation fünf Minuten ohne Unterbrechung. Das Gleiche gilt danach für die Kontra-Fraktion. Dann hat jede Gruppe drei Minuten, um sich abzusprechen und die Gegenargumente vorzubereiten.
Debaters must always be polite and not interrupt their opponents.	Debattierer müssen immer höflich sein und dürfen den Gegner nicht unterbrechen.

We will need a moderator, a timekeeper and a judge.

Wir brauchen einen Moderator, einen Zeitnehmer und einen Juror.

The moderator's job is to maintain order and enforce the rules.

Der Moderator muss für Ordnung sorgen und Regeln durchsetzen.

The judge/adjudicator will decide on the winner of the debate.

Der Juror entscheidet, wer die Debatte gewonnen hat.

4.1 Loben und ermutigen

Praise and encouragement	**Loben und ermutigen**
Exactly!	Genau!
Well done!/Good job!	Gut gemacht!
You've hit the nail on the head!	Da hast du den Nagel auf den Kopf getroffen!
I think you're right there.	Da hast du wohl recht.
You seem to understand this structure well. Perhaps you can help your neighbour with it.	Du verstehst diese Struktur offensichtlich gut. Vielleicht kannst du deinem Nachbarn weiterhelfen.
I like the way you phrased/explained that. How about jotting that down on the board for us?	Das hast du schön formuliert/erklärt. Könntest du es für uns an die Tafel schreiben?
Well, you have made your opinion quite clear! Does everyone agree?	So, damit ist deine Meinung recht eindeutig! Stimmt ihr alle zu?
That's an interesting thought.	Das ist ein interessanter Gedanke.
You're getting warm/close! Try to go one step further!	Du bist nahe dran! Versuche, noch einen Schritt weiterzugehen!
That's a good start. Would anyone like to elaborate on that?	Das ist ein guter Anfang. Möchte jemand die Idee näher ausführen?
You're headed in the right direction. Can anybody help out?	Du bist auf dem richtigen Weg. Kann jemand aushelfen?
I can see that you put a lot of effort into your homework.	Ich merke, dass du dir mit den Hausaufgaben viel Mühe gegeben hast.
You have improved quite a lot this term. Keep up the good work!	Du hast dich in diesem Halbjahr deutlich verbessert! Weiter so!
You could contribute so much if you joined in our discussions.	Du hättest viel beizutragen, wenn du dich am Klassengespräch beteiligen würdest.

Susan, could you help us here? ... I'm sure you have an idea! I'd really like you to participate more!	Susan, könntest du uns helfen? ... Du hast sicher eine Idee. Ich würde mich sehr freuen, wenn du dich mehr beteiligen würdest!
You have worked hard on this. I like that!	Du hast viel Arbeit investiert. Das gefällt mir!
This exam shows a lot of improvement. Your extra effort has paid off!	Diese Klassen-/Kursarbeit zeigt große Fortschritte. Deine Mühe hat sich bezahlt gemacht!
You have managed to improve your style significantly.	Dir ist es gelungen, deine Ausdrucksfähigkeit stark zu verbessern.
Have you been reading a lot of books in English? Your essays sound more idiomatic.	Liest du gerade viele englische Bücher? Deine Aufsätze sind idiomatischer geworden.
You have broadened your vocabulary considerably. I hope this continues.	Dein Wortschatz ist vielfältiger geworden. Weiter so!

4.2 Beraten

Giving advice	**Beraten**
Make sure you have a quiet place to study. Avoid distractions!	Sorge für einen ruhigen Arbeitsplatz. Vermeide Ablenkung!
Get someone to learn/study with you.	Suche dir jemanden, der mit dir lernt.
Take the time to write out the new words, so you learn how to spell them correctly.	Schreibe dir die neuen Vokabeln auf, damit du lernst, sie auch richtig zu schreiben.
Don't forget to revise/review for the test. Remember to have another look at the grammar at the back of the book.	Denke daran, für den Test zu wiederholen. Vergiss nicht, nochmals einen Blick auf die Grammatik am Ende des Buchs zu werfen.

Find out how other pupils study.	Erkundige dich, wie andere Schüler lernen.
Set yourself one or two realistic goals.	Setze dir ein bis zwei realistische Ziele.
Try to focus more in class. Don't let others distract you.	Konzentriere dich im Unterricht besser. Lass dich nicht durch andere ablenken.
You need to listen more closely/pay better attention in class.	Du musst im Unterricht genauer zuhören/besser aufpassen.
Reading just one little newspaper article a day could really help you to broaden your vocabulary.	Wenn du einen kleinen Zeitungsartikel am Tag liest, baust du damit schon dein Vokabular aus.
How about watching films in English? That might be a way to improve.	Wie wäre es, wenn du Filme auf Englisch schauen würdest? So kannst du dich vielleicht verbessern.

4.3 Rückmeldung zu einer Präsentation geben

Feedback on a presentation	**Rückmeldung zu einer Präsentation geben**
This was a comprehensive and well-structured report!	Das Referat war umfassend und gut strukturiert!
The variety which your presentation offered made your talk interesting and diverse.	Durch die Vielseitigkeit der Präsentation wirkte dein Vortrag interessant und abwechslungsreich.
Your conclusions showed keen insight and wrapped up your presentation well.	Deine Schlussfolgerungen zeigten ein tiefes Verständnis und fassten dein Referat gut zusammen.
Content-wise this was a good report in that you dealt with many different aspects.	Dadurch dass du viele verschiedene Aspekte behandelt hast, war das Referat inhaltlich gut.
You spoke confidently and were quite poised.	Du bist überzeugend und selbstsicher aufgetreten.

You spoke in your own words, using your text hardly at all. My compliments!	Du hast den Vortrag mit eigenen Worten formuliert und deine Vorlage kaum verwendet. Kompliment!
Your handout is comprehensive and well structured, but there are a few slight mistakes.	Dein Handout ist umfassend und gut strukturiert, es gibt aber ein paar kleine Fehler.
I liked the way you tried to get the class involved!	Es war schön, wie du versucht hast, die Klasse einzubeziehen!
In general you gave a satisfactory presentation of your topic, but a few key aspects were missing.	Im Allgemeinen war dein Referat zufriedenstellend, aber ein paar wichtige Aspekte haben gefehlt.
All in all, this was a disappointing presentation. It seemed to jump randomly from topic to topic.	Insgesamt war das Referat enttäuschend. Die Themen wurden scheinbar willkürlich abgehandelt.
Unfortunately, your report lacked the depth expected at this level.	Leider fehlte bei deinem Referat die Tiefe, die man auf dieser Stufe erwarten kann.
The small font and the mass of information you used made your transparency very hard to read.	Durch die kleine Schriftgröße und die Masse an Information war deine Folie sehr schwer leserlich.
It is a shame that you didn't include any visual aids. This would have made your talk more interesting and vivid.	Es ist schade, dass du kein Anschauungsmaterial benutzt hast. Damit wäre das Referat interessanter und anschaulicher gewesen.
There were a few pronunciation problems here and there.	Es gab hier und da Probleme bei der Aussprache.
Unfortunately, you primarily read from your script and then stumbled over some of the less familiar words.	Leider hast du überwiegend von deinen Unterlagen abgelesen und bist dann über manche weniger bekannte Wörter gestolpert.

4.4 Eine Empfehlung schreiben

Giving a recommendation	Eine Empfehlung schreiben
To Whom It May Concern	Sehr geehrte Damen und Herren,
It is a pleasure for me to give a recommendation for	es ist mir eine Freude, für .... eine Empfehlung zu schreiben.
I have had the pleasure of knowing .... for the last five years.	Ich kenne .... seit fünf Jahren.
He/She is an outstanding/diligent/inquisitive student who is sincerely interested in his/her studies.	Er/Sie ist ein/e herausragende/r / gewissenhafte/r / wissbegierige/r Schüler/in, der/die ernsthaft am Lernen interessiert ist.
.... is an active participant in class discussions and a considerate listener.	.... nimmt aktiv am Klassengespräch teil und hört anderen aufmerksam zu.
When working in groups .... often takes the initiative and interacts well.	Bei der Gruppenarbeit ergreift .... die Initiative und interagiert gut mit den anderen.
.... is a highly motivated student/pupil. He/She is always willing to make the extra effort needed to tackle difficult tasks.	.... ist ein/e hochmotivierte/r Schüler/in. Er/Sie scheut nicht die Mühe, sich auch schwierigen Aufgaben zu stellen.
In school life .... has taken on a great deal of responsibility being involved in student council/planning student events/organizing extracurricular activities for younger students.	.... übernimmt Verantwortung im schulischen Leben, indem er/sie in der Schülervertretung aktiv ist/Schülerevents plant/für jüngere Schüler außerschulische Aktivitäten organisiert.
His/Her enthusiasm and his/her exemplary character make him/her an ideal role model for younger students.	Seine/Ihre Begeisterungsfähigkeit und sein/ihr vorbildlicher Charakter machen ihn/sie zum idealen Leitbild für jüngere Schüler.

.... is very personable, outgoing and open-minded. He/She is held in high regard/respected by peers and teachers alike.

.... ist sehr freundlich, kontaktfreudig und aufgeschlossen. Er/Sie wird von Mitschülern und Lehrern gleichermaßen geschätzt.

I am confident that he/she is well suited and will enthusiastically accept this challenge/opportunity.

Ich bin sicher, dass er/sie sehr geeignet ist und diese Möglichkeit/Herausforderung begeistert annehmen wird.

I have no doubt that he/she would be an asset to any programme he/she joins.

Ich bin mir sicher, dass er/sie eine Bereicherung für jedes Programm wäre, an dem er/sie sich beteiligt.